¿Quién es Lin-Manuel Miranda?

Elijah Rey-David Matos

ilustraciones de David Malan

traducción de Yanitzia Canetti

Penguin Workshop

A mi Dios, mi familia y mi pueblo. Rezo para que a todos los haga sentir orgullosos—ERDM

A Penny, por ser músico para los que te rodean—DM

PENGUIN WORKSHOP
Un sello editorial de Penguin Random House LLC
1745 Broadway, New York, New York 10019

Publicado por primera vez en los Estados Unidos de América como *Who Is Lin-Manuel Miranda?* por Penguin Workshop, un sello editorial de Penguin Random House LLC, 2024
Edición en español publicada por Penguin Workshop, 2025

Derechos © 2024 de Penguin Random House LLC
Derechos de la traducción en español © 2025 de Penguin Random House LLC

Traducción al español de Yanitzia Canetti

Visítenos en línea: penguinrandomhouse.com.

Los datos del registro de la Catalogación en la Publicación (CIP) de la Biblioteca del Congreso están disponibles.

Impreso en los Estados Unidos de América

ISBN 9780593891223   10 9 8 7 6 5 4 3 2 1 CJKW

El representante autorizado en la UE para la seguridad y cumplimiento de este producto es Penguin Random House Ireland, Morrison Chambers, 32 Nassau Street, Dublin D02 YH68, Irlanda, https://eu-contact.penguin.ie.

Contenido

¿Quién es Lin-Manuel Miranda?

Lin-Manuel Miranda se preparó para el recital de piano de su escuela durante semanas, y llegó la gran noche. Había elegido una canción, la había practicado y perfeccionado. Ahora, con su papá entre el público, el pequeño Lin, de siete años, se sentó en la banqueta, colocó las manos sobre las teclas y comenzó a tocar. Antes de que se diera cuenta, terminó la canción y el público estalló de júbilo. ¡Lo logró! Le encantó el aplauso. No quería que terminara.

"¡Yo me sé otra!".

¿Por qué parar si todos se estaban divirtiendo? A Lin-Manuel, a quien sus amigos llamaban "Lin", le gustaba ver sonreír al público. Entonces, tocó otra. Aplaudieron de nuevo, tal vez incluso más fuerte. ¡Tocó cuatro canciones más! Cada vez que Lin terminaba una, el público aplaudía, pero finalmente su maestro lo llevó fuera del escenario. Lin sabía que otros niños también tenían que actuar, y accedió a alejarse. Esa noche, Lin se convirtió en artista. Le encantaba entretener a la gente y decidió hacerlo por muchos años.

Unos años después del recital, la madre de Lin vio su talento en una presentación con el coro de su iglesia, en Navidad. Sabía que había otros niños cantando, pero en su mente, Lin era el centro de atención. Después de discutirlo, los Miranda se

comprometieron a apoyar las pasiones artísticas de Lin. Su padre todavía esperaba que eligiera una carrera estable, como ser abogado, pero su madre estaba un poco más abierta a la creatividad de Lin. Gracias a su apoyo y a su arduo trabajo, Lin algún día sería una superestrella mundial. Pero antes de que lo lograra, no era más que otro talentoso chico puertorriqueño de la ciudad de Nueva York.

CAPÍTULO 1
El incansable Lin-Manuel

Lin-Manuel Miranda nació el 16 de enero de 1980, hijo de Luis A. Miranda Jr. y la Dra. Luz Towns-Miranda. Luis nació en Vega Alta, Puerto Rico, pero llegó a la ciudad de Nueva York para estudiar en la Universidad de Nueva York, donde conoció a Luz Towns. Luz también nació en Puerto Rico, pero se mudó a Nueva York, al igual que Luis. Después de conocerse, Luz se convirtió en doctora, una psicóloga clínica que trabaja con personas para mejorar su salud mental. Luis trabajó con políticos de Nueva York, como el alcalde David Dinkins y la senadora Hillary Clinton. Cuando se conocieron, Luz ya tenía una hija que también se llamaba Luz, pero a la que llamaban "Lucecita". Luis y Lucecita se encariñaron rápidamente. En

Luz Towns-Miranda y Luis A. Miranda Jr.

1979, solo unos meses después de que Luis y la Dra. Luz comenzaran a salir, ¡se casaron! Dos meses después, Luis adoptó a Lucecita. Lin nació al año siguiente.

Luis tomó el nombre de Lin de un poema llamado "nana roja para mi hijo Lin-Manuel" escrito por el poeta puertorriqueño José Manuel Torres Santiago. El poema reflexiona sobre el futuro de Puerto Rico en la época de la guerra de Vietnam y está dedicado al hijo del autor, cuyo nombre es Lin-Manuel.

José Manuel Torres Santiago

Lin creció escuchando todo tipo de música. En Puerto Rico, su padre había visto una adaptación cinematográfica de un musical que le gustaba mucho llamado *The Unsinkable Molly Brown*.

Puerto Rico o Borinquen

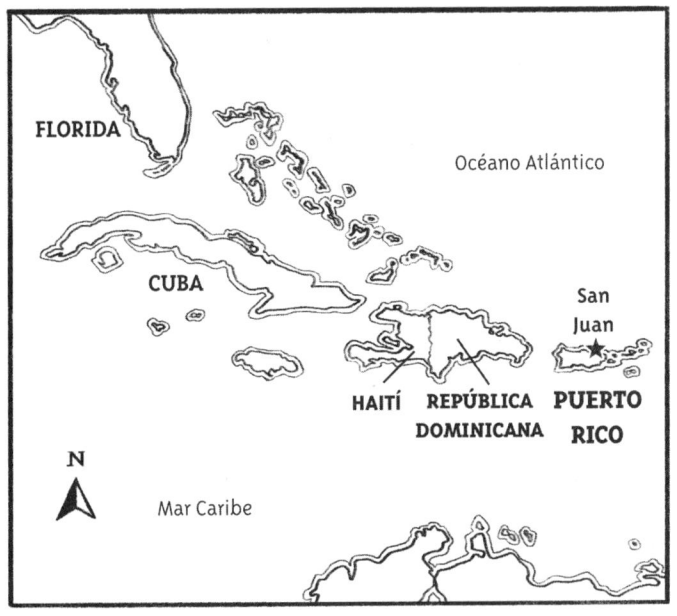

Puerto Rico es una isla caribeña situada a unas mil millas al sureste de Miami, Florida, y está cerca de Cuba, Haití y la República Dominicana. El nombre "Puerto Rico" fue dado a la isla por los españoles que llegaron y se apoderaron de ella. Antes de que los españoles tomaran el control de Puerto Rico, uno de sus pueblos nativos, los taínos, llamaba a la isla Borinquen.

Después de la guerra hispano-estadounidense de 1898, España cedió la isla de Puerto Rico a Estados Unidos junto con Filipinas y Guam. Hoy en día, Puerto Rico es un territorio de Estados Unidos, y todos los puertorriqueños son ciudadanos estadounidenses, pero muchos piensan que Estados Unidos los ha tratado injustamente. Puerto Rico no tiene representantes en el Congreso y sus residentes no pueden votar en las elecciones presidenciales generales de Estados Unidos.

Los partidos políticos de Puerto Rico generalmente se organizan en torno a la relación que la isla debería tener con Estados Unidos en el futuro. Las opciones para esta relación han sido: que Puerto Rico se convierta en estado, se separe como nación independiente o mantenga su estatus como territorio.

Un musical es una actuación en vivo en la que los personajes utilizan diálogos hablados, música, canciones y bailes para contar una historia. Cuando Luis se convirtió en padre, hizo que su familia viera la película musical con él muchas veces, inculcando en Lin el amor por

el teatro. Desafortunadamente, los Miranda no podían permitirse el lujo de asistir a espectáculos en vivo en los teatros de Broadway con mucha frecuencia. *Broadway* es el nombre que se le da a la principal zona de teatros de Nueva York. Dentro del distrito de Broadway, hay docenas de teatros

donde se producen musicales y obras de teatro al más alto nivel. Otros espectáculos más pequeños en Nueva York suelen denominarse off-Broadway. (Broadway es la calle del distrito teatral de Nueva York). Si un espectáculo tiene mucha audiencia, puede pasar de un teatro pequeño off-Broadway a otro más grande de Broadway. En lugar de asistir a estas actuaciones más grandes y a menudo más caras, los Miranda escuchaban muchos álbumes del elenco de Broadway, que son grabaciones de todas las canciones interpretadas en una producción de teatro musical.

A los siete años, Lin vio su primera obra de Broadway: *Lés Miserables*. La obra trata sobre las injusticias a las que se enfrentan los pobres y la clase trabajadora en Francia. En su casa de Inwood, en el extremo norte de Manhattan, Lin estaba rodeado de neoyorquinos similares a él, que intentaban mejorar la vida de su familia. Esas familias se convirtieron en algunas de sus mayores influencias, y su fortaleza se notó en sus proyectos posteriores.

A veces, el joven Lin expresaba su amor por Nueva York de manera dramática. Cuando sus

padres lo enviaron a un campamento a la edad de diez años, les escribió cartas quejándose de su infelicidad y sus deseos de volver a casa. Lin pasaba mucho tiempo en casa viendo la televisión, por lo que sus padres querían que disfrutara de un verano con otros niños. Hizo algunos buenos amigos, pero Lin amaba su ciudad y no soportaba estar lejos de ella mucho tiempo.

Durante la infancia de Lin, su interés por el teatro musical creció. Mientras estaba en la escuela secundaria y preparatoria de Hunter College de 1991 a 1998, actuó en varias obras de teatro a la vez que escribía las suyas. Fuera del escenario, Lin escuchaba mucho hiphop y R&B, que su chofer de autobús escolar y su hermana le ponían. También llevaba una radiocasetera durante ese tiempo y se hizo conocido por su activa personalidad. ¡Siempre estaba listo para montar un espectáculo! Algunos de los primeros artistas de hiphop que lo influenciaron fueron los Beastie Boys, Rakim y Sugarhill Gang.

Hiphop de la ciudad de Nueva York

El Bronx, Nueva York, es considerado la cuna del hiphop. El 11 de agosto de 1973, Clive Campbell, conocido como DJ Kool Herc, y su hermana Cindy Campbell organizaron una fiesta de regreso a clases en una sala de recreación en 1520 Sedgwick Avenue.

DJ Kool Herc

Allí, el amigo de Herc, Coke La Rock, gritaba los nombres de los asistentes mientras Herc reproducía fragmentos cortos de álbumes en vivo de artistas como James Brown. El acto de Herc se hizo famoso en todo el Bronx y creó un nuevo estilo de música. La cultura hiphop incluye los DJ en los tocadiscos, los MC en los micrófonos, el breakdance y el grafiti.

Si bien el hiphop se ha convertido en una sensación mundial, muchos de los raperos y grupos de rap más queridos están conectados con los cinco condados de la ciudad de Nueva York. Algunos de los más famosos son: Grandmaster Flash and the Furious Five, The Notorious B.I.G., Jay-Z, Nas, Wu-Tang Clan, A Tribe Called Quest, Slick Rick, Nicki Minaj, Mos Def, Big Pun, Fat Joe, Salt-N-Pepa y Public Enemy.

A medida que crecía, Lin encontró formas de conectar a la clase trabajadora con los sonidos del hiphop y las actuaciones de teatro musical que lo  inspiraron. Una de sus influencias más importantes fue *Rent*, de Jonathan Larson, un musical que utilizaba música rock y presentaba a jóvenes artistas neoyorquinos que luchaban en el East Village mientras muchos de sus amigos sufrían la epidemia de SIDA, un virus mortal reportado por primera vez en 1981.

Rent ayudó a impulsar la música rock moderna en el teatro junto con algunos otros espectáculos. Lin vio *Rent* cuando tenía diecisiete años y se inspiró en la innovación de Jonathan Larson. A medida que se tomó más en serio el teatro, como Larson, buscó incorporar a su trabajo la música que creció escuchando.

Jonathan Larson (1960-1996)

Jonathan Larson fue un compositor estadounidense nacido en Nueva York. Es conocido por escribir el musical de 1994 *Rent*, que puso la música rock moderna en el centro de la trama. El espectáculo se convirtió en un éxito entre los amantes del teatro, ganando un premio Pulitzer y cuatro premios Tony. Desafortunadamente, Larson

Jonathan Larson

nunca vería el éxito del espectáculo. Murió la noche antes de que comenzaran los preestrenos off-Broadway en el New York Theater Workshop. Durante la creación de *Rent*, Larson vivió en las mismas difíciles condiciones que los personajes de su obra, habiendo renunciado a su trabajo en un restaurante antes de que se estrenara la obra. Hoy, *Rent* y el otro musical de Larson, *tick, tick . . .*

Boom!, son dos de los espectáculos más aclamados del teatro moderno.

CAPÍTULO 2
Hacia nuevos éxitos

De 1998 a 2002, Lin estudió teatro en Wesleyan University en Middletown, Connecticut. Estando en segundo año, comenzó a desarrollar la idea de su primer gran espectáculo. *In the Heights* cuenta

Wesleyan University

la historia del bodeguero dominicano Usnavi de la Vega, quien lucha junto a sus vecinos en medio de la elitización de su barrio, Washington Heights. Este es un proceso en el que las personas que tienen más recursos económicos que las que ya viven en un barrio se mudan y alquilan o compran una propiedad, haciéndola más valiosa al pagar precios más altos por ella. Debido a que la gente nueva tiene más recursos, los propietarios aumentan los precios de las viviendas y las rentas. Esos precios más altos pueden ser demasiado caros para los residentes originales, que a menudo son de comunidades BIPOC (siglas en inglés para las minorías).

El hogar de Lin, en Inwood, queda al norte de Washington Heights, por lo que creció interactuando con miembros de ese barrio. Washington Heights ha estado dominado por su población latina por varias décadas.

Con *In the Heights*, Lin quería homenajear

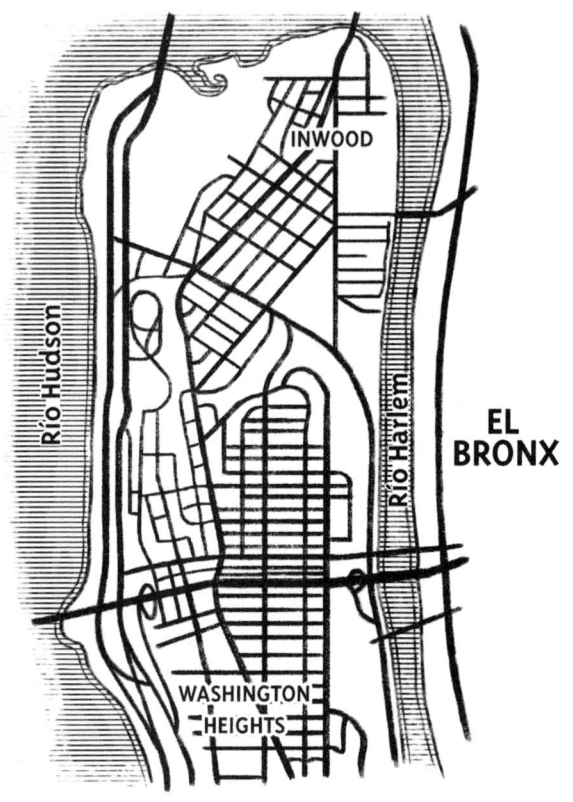

y honrar a todos los latinos, especialmente a los que viven en la ciudad de Nueva York. En una canción, llamada "Carnaval del barrio", los artistas organizan una fiesta bajo un calor intenso, animándose unos a otros a izar sus banderas, cantar y bailar. Lin llenó *In the Heights* con el hiphop y los ritmos latinos con los que creció, inspirándose en el uso del rock de *Rent*. *In the Heights* también usó mucho "Spanglish", un dialecto que es una versión mixta del español y el inglés.

¿Hispanos o latinos/as/es/... x?

A menudo, las etiquetas "hispano" y "latino/ latina/latine/latinx" se usan indistintamente. Sin embargo, hay una diferencia. "Hispano" se aplica a las personas que viven en las regiones que hablan principalmente español. Esto incluye a España, Puerto Rico, Cuba, República Dominicana y naciones continentales americanas, como México, Colombia, Perú, El Salvador, Chile y Honduras. "Latino/a/ e/x" se aplica a las personas que descienden de las Américas y el Caribe, que hablan español, francés o portugués. Las personas descendientes de naciones de las Américas donde el español es el idioma principal pueden considerarse tanto hispanas como latinas. Esto significa que aunque a los españoles no se les considera latinos/as/es/x, los brasileños, que hablan principalmente portugués, y los haitianos, que hablan principalmente creole o francés, ¡sí lo son!

"Latino/a/e/x" tiene muchas variaciones porque el español, el portugués y el francés son idiomas de género. En español y portugués, significa que las palabras "masculinas", como primo, terminan en -*o* y las palabras "femeninas", como prima, terminan en -*a*. Las palabras plurales para los grupos suelen usar la terminación masculina, como primos o "latinos", que es como se suele hacer referencia a las personas de ese grupo étnico. "Latinx" y "latine" han surgido como alternativas para proporcionar una terminación de género neutro para las palabras plurales e incluir a las personas que no se identifican como hombre o mujer. Se considera que estos términos se pueden usar sin importar su género.

In the Heights fue puesta en escena por primera vez por la compañía de teatro Second Stage de Wesleyan University en el año 2000. Mientras trabajaba en el espectáculo, las calificaciones de Lin bajaron debido a su dedicación a la obra. Debería haber estado estudiando el universo en su clase de astronomía, pero estaba tan concentrado en *In the Heights* que escribió parte de esta durante la clase. Puede que no haya aprendido mucho sobre las estrellas en el cielo, pero *In the Heights* lo hizo brillar tanto como ellas.

Después de graduarse en 2002, Lin regresó a Hunter College High School para enseñar inglés mientras asesoraba al departamento de teatro de la escuela. Aunque le encantaba enseñar, Lin creía en el potencial de *In the Heights* y, después de recibir consejos de su padre, decidió concentrarse en producir el espectáculo. Afortunadamente, su amigo Thomas Kail se ofreció a dirigir *In the Heights* una vez que la Second Stage de Wesleyan dejó de presentarlo. A los veintidós años, Lin estaba decidido a seguir sus sueños.

Lin-Manuel Miranda y Thomas Kail

Además de Thomas Kail, Lin contó con el apoyo de Jeffrey Seller, un productor de Broadway que había trabajado en *Rent*, el director musical cubanoamericano Alex Lacamoire y con Quiara Alegría Hudes, quien coescribió con Lin durante el proceso de revisión. Quiara se había graduado

Quiara Alegría Hudes

de las universidades de Yale y Brown. Es mitad judía y mitad puertorriqueña, y creció en Filadelfia. Se identificó con la imagen de los latinos urbanos que daba *In the Heights*, ya que creció junto a la familia puertorriqueña de su madre. Juntos, Lin y Quiara pasaron por docenas de versiones de la obra.

Mientras ensayaban *In the Heights* en el sótano del Drama Book Shop, en 2003 y 2004, Lin, Anthony Veneziale, Thomas Kail y Christopher

Jackson, uno de los miembros del elenco de *In the Heights*, comenzaron a rapear al estilo libre sobre su tiempo en el espectáculo. Un día, Veneziale sugirió que hicieran pública su actuación, y el equipo decidió hacerlo como un grupo llamado Freestyle Love Supreme. El día antes de su estreno en el Peoples Improv Theater (PIT) en 2003, un apagón afectó el noreste, incluida Nueva York. El día del espectáculo, el PIT todavía estaba sin electricidad, por lo que Freestyle Love Supreme movió su audiencia diez cuadras hasta Drama Bookshop en la calle 39, donde sí había electricidad y realizó el espectáculo allí.

Freestyle Love Supreme

En 2005, Lin se unió a un grupo de Facebook para graduados de la escuela secundaria Hunter College, donde se reconectó con Vanessa Nadal, a quien había conocido en la misma escuela. Vanessa había ido al Instituto Tecnológico de Massachusetts para estudiar ingeniería química. Cuando se reencontraron, ella trabajaba como científica en el desarrollo de productos para el cuidado de la piel.

En Facebook, Vanessa se dio cuenta de que le interesaba el hiphop y la música salsa. Como su espectáculo incluía raps de estilo libre, Lin pensó que sería bueno invitarla a una presentación de Freestyle Love Supreme.

Al igual que en la escuela secundaria, Lin pensaba que Vanessa era hermosa, pero era tan tímido que apenas le habló esa noche. Después de algunas noches con Freestyle Love Supreme y más tiempo hablando, los dos comenzaron a salir. *In the Heights* se estrenó off-Broadway en el 37 Arts Theatre, ahora llamado Baryshnikov Arts Center, en la ciudad de Nueva York, el 8 de febrero de 2007. El elenco original incluía a Lin como Usnavi, Karen Olivo como Vanessa, Mandy González como Nina y Christopher Jackson como Benny. Eliseo Román interpretó al piragüero.

Piraguas

Las piraguas son una bebida refrescante tradicional en Puerto Rico que se ha traído al territorio continental de Estados Unidos. La golosina es hielo raspado cubierto con varios jarabes que se pueden mezclar de acuerdo a la solicitud del cliente. Las piraguas tienen forma de cono y se sirven en un vaso de plástico con una paja para que los clientes puedan sorber la mezcla de almíbar y hielo derretido. Algunos sabores típicos de las piraguas incluyen cereza, crema, coco, tamarindo, piña y fresa.

Otros latinos hacen bebidas como la piragua puertorriqueña. Los dominicanos a menudo se refieren a ellos como frío frío, los cubanos usan el término granizado y los mexicanos usan raspa o raspado.

In the Heights recibió críticas positivas en su debut, pero no fue un éxito instantáneo. Luis Miranda intervino para ayudar a su hijo a promover la obra, utilizando contactos de su propia carrera. En julio de 2007, *In the Heights* completó su ciclo off-Broadway. Mientras el show estaba en receso, Lin se fue de vacaciones y se llevó un libro muy grande: la biografía de *Alexander Hamilton*, uno de los padres fundadores de Estados Unidos, de Ron Chernow.

Después de sus vacaciones, Lin le hizo algunos ajustes a *In the Heights*. Comenzó los avances en Broadway el 14 de febrero de 2008, en el Teatro Richard Rodgers. El 9 de marzo, el show se inauguró oficialmente en Broadway y se convirtió en un éxito, obtuvo trece nominaciones

al Tony y ganó cuatro. Cuando Lin recibió el premio a la mejor música original (música escrita para el show), interpretó un rap de estilo libre como discurso de agradecimiento, reconociendo a sus colaboradores, productores, elenco y equipo de la obra: Luis, Dra. Luz, Lucecita y Vanessa. Terminó el discurso proclamando: "Quiero agradecer a toda mi gente latina, esto es para el abuelo Güisin y Puerto Rico", y sacó una bandera puertorriqueña del bolsillo de su traje.

El 15 de febrero de 2009, un año después del
estreno de *In the Heights* en Broadway, Lin renunció
al papel de Usnavi. Ese año, el espectáculo fue
nominado para el premio Pulitzer de drama, pero
no ganó. Sin embargo, Lin recibió otro honor, al
ser invitado a la Casa Blanca el 12 de mayo de
2009, para la velada inaugural de poesía, música
y poesía declamada de la administración Obama.
Lin tenía muchas canciones de *In the Heights* que

podría haber interpretado, pero, para entonces, había comenzado a escribir algo nuevo.

The Hamilton Mixtape fue concebido como un álbum conceptual de hiphop que adaptaría el libro de Ron Chernow, contando la historia de Alexander Hamilton a través de la música rap. Un álbum conceptual es una colección de música con una historia completa que conecta cada canción. Como explicó Lin, la vida de Alexander Hamilton siguió un ascenso improbable a la grandeza a partir del dolor que a menudo se refleja en la música hiphop. Hamilton nació en la isla de Nevis, pero se crio en St. Croix. Cuando era joven, su padre lo abandonó a él y a su madre. Luego, la madre de Hamilton murió, quedando solo. Después de que un huracán azotara St. Croix, Hamilton publicó una carta a su padre en un periódico local. Un grupo de empresarios leyó la carta y al ver la habilidad de Hamilton, financió su viaje a las trece colonias, que lo llevaría a Nueva York.

Los puertorriqueños de Nueva York

En los años 60, 70 y 80, los residentes puertorriqueños de Nueva York fundaron el movimiento Nuyorican. "Nuyorican" fue originalmente un insulto que separaba a los puertorriqueños de la isla de los nacidos en Nueva York. Los fundadores del movimiento cambiaron el significado del término para describir su identidad como *entre* Nueva York y Puerto Rico. La tradición nuyorican se centra en el activismo, la identidad y la creación de conciencia sobre las luchas de las personas oprimidas en Estados Unidos y en Puerto Rico. A menudo, los artistas nuyorican utilizan la poesía hablada para expresar estos temas. El mayor logro del movimiento fue la creación del Nuyorican Poets Cafe en el barrio del Lower East Side de Manhattan, o "Loisaida", como se le conocía entre los nuyoricans.

Algunos de los miembros clave del primer movimiento Nuyorican son: Miguel Algárin, Pedro Pietri, Sandra María Esteves y Ntozake Shange.

Hoy en día, el Nuyorican Poets Cafe celebra eventos de micrófono abierto y ha acogido a ganadores de competencia de poesía declamada. Los poetas de nuyorican incluyen a "La Bruja" Caridad de la Luz, María "Mariposa" Fernández y Elisabet Velásquez.

Los antecedentes de Hamilton como un inmigrante huérfano del Caribe que se muda a Nueva York repercutieron en Lin, cuyos padres habían dejado su Puerto Rico caribeño para ir

Alexander Hamilton

a Nueva York, enfrentando la discriminación. La ética de trabajo incesante de Hamilton le recordó a Lin a su padre, quien trabajaba constantemente cuando Lin era joven. Una vez más, el ganador del premio Tony trataba de mezclar varios elementos de diferentes culturas en un homenaje a su infancia. Lo más difícil fue convencer al público de que *The Hamilton Mixtape* tendría éxito.

En la Casa Blanca, Lin rapeó la canción de apertura del proyecto, "Alexander Hamilton", mientras Alex Lacamoire tocaba el piano. Los dos presentaron a la audiencia a Hamilton como "El padre fundador de diez dólares sin padre" que "llegó mucho más lejos trabajando mucho más duro". Al final de la actuación, el público, incluidos el presidente y la primera dama Obama, estalló en aplausos. Lin aún no había cumplido los treinta años, y ya había recibido múltiples premios Tony y actuado frente al presidente y la primera dama de Estados Unidos.

CAPÍTULO 3
Estados Unidos antes, contado por Estados Unidos ahora

El 5 de septiembre de 2010, Lin y Vanessa Nadal se casaron en Staatsburg, Nueva York. El

legendario cantante panameño Rubén Blades, y varios artistas de Broadway, cantaron en su boda. En los años siguientes, Lin continuó trabajando en otros espectáculos mientras desarrollaba *The Hamilton Mixtape*.

Lin coescribió la música y la letra de una adaptación escénica de la película *Bring It On* del año 2000. El musical se centraba en un grupo de adolescentes de Jackson High School, liderados por el personaje Campbell Davis, que se convierten de bailarines en porristas. *Bring It On: The Musical*

Bring It On: The Musical

hizo una gira nacional entre 2011 y 2012 con una breve temporada en Broadway. La adaptación recibió dos nominaciones Tony al mejor musical y a la mejor coreografía. Mientras *Bring It On* hacía su gira por Estados Unidos, Lin continuó trabajando en su obra *The Hamilton Mixtape*. En el verano de 2013, lo comenzó a cambiar de un álbum conceptual a una producción musical completa. Pero, como esa transición no estaba en su plan original, Lin y su equipo tuvieron dificultades para organizar y presentar el espectáculo. ¡Todavía editaban canciones treinta minutos antes de que su elenco tuviera que aprendérselas! La biografía de Hamilton, de Chernow, puede haber sido la lectura de vacaciones de Lin, pero *The Hamilton Mixtape* estaba en vías de convertirse en una nueva revolución estadounidense.

En marzo de 2014, Lin tomó más trabajo aún. Firmó para coescribir canciones para *Moana*, una película animada de Disney. Esta se inspiró en un mito polinesio y presenta a una adolescente de las islas del Pacífico que es incitada a la aventura por los océanos, pero su familia le advierte del peligro fuera de su isla. La familia de Moana le dice que

está destinada a ser la jefa de su isla, pero ella está comprometida a explorar el mundo más allá del arrecife y la seguridad de su hogar. Moana abandona la isla para cumplir su misión junto al semidiós Maui.

El mismo día que Lin acordó trabajar en la película de Disney, supo que él y Vanessa tendrían su primer hijo. Solo unos meses después de 2014, Lin estaba ajustando la producción de *The Hamilton Mixtape*, escribiendo letras para una película de Disney y preparándose para el nacimiento de su hijo. ¡Qué año tan ajetreado!

En mayo de 2014, *The Hamilton Mixtape* se había transformado en *Hamilton* y se presentaba en Nueva York en el 52nd Street Project después

de realizar talleres en el Public Theater. En el teatro musical, un taller es una actuación en la que los intérpretes muestran el trabajo que han realizado, incluso si aún no está terminado. El taller está destinado a proporcionar al público una mirada al espectáculo de una forma mucho más simple. Pocas personas pudieron ver esta versión de *Hamilton*, pero ya estaba ganando fama a medida que la gente hablaba de lo que habían visto. Unas semanas después de estas primeras actuaciones, Lin montó una breve obra de teatro en la Brooklyn Academy of Music llamada *21 Chump Street* y coprotagonizó una breve reposición de la obra de Jonathan Larson *tick, tick . . . Boom!* Cerrando un círculo completo, Lin interpretó a Jonathan Larson, el dramaturgo que lo había inspirado al principio de su carrera.

El final de 2014 trajo otro momento importante para Lin. El 10 de noviembre, llegó su primer hijo, Sebastian Miranda, un momento

Una representación de *tick, tick . . . Boom!*

que Lin celebró con una publicación en Twitter. Al final del tuit, escribió: "Fin del primer acto", sugiriendo que la siguiente etapa de su vida estaba por comenzar. Y estaba en lo cierto, pues entre el nacimiento de su primer hijo y el estreno de *Hamilton* off-Broadway a principios de 2015, pasó muy poco tiempo.

Hamilton se estrenó en el Public Theater el 17 de febrero de 2015, cuando Lin tenía treinta y cinco años. El espectáculo fue muy elogiado por

contar la historia de Estados Unidos a través de la música moderna y un elenco de actores BIPOC. Muchos, incluido el propio Lin, consideraban que el espectáculo era su obra maestra. Sin embargo, algunos críticos argumentaron que presentar a las personas BIPOC como los Padres Fundadores ocultaba el abuso que enfrentaron las minorías esclavizadas durante los primeros años.

Otros señalaron que las mujeres no se destacaban en la obra, ya que en los papeles principales interpretados por ellas, todas se enamoraban del personaje de Lin, Alexander Hamilton.

A pesar de estas críticas, ¡*Hamilton* fue un éxito! Se hizo tan popular que su transición al Richard Rodgers Theatre incluyó un sistema de lotería llamada "Ham4Ham". Llamaron a estas funciones

Ham4Ham, o "Hamilton para *Hamilton*", porque el retrato del personaje principal del espectáculo, Alexander Hamilton, aparece en el billete de diez dólares. Dado que los boletos de la lotería costaban diez dólares, Ham4Ham era una forma fácil de recordarle a la audiencia cuánto debían pagar para ganarla. En las loterías, se reunían tantas personas frente al Richard Rodgers Theatre que Lin, los miembros del elenco y las estrellas invitadas hacían actuaciones especiales solo para el gran grupo de espectadores que esperaba en la calle.

El espectáculo se inauguró oficialmente el 6 de agosto de 2015. El elenco original de Broadway incluía a Lin como Alexander Hamilton, Daveed Diggs como Marqués de Lafayette y Thomas

Jefferson, Renée Elise Goldsberry como Angélica
Schuyler y Phillipa Soo como Eliza Hamilton.

Lin recibió una beca MacArthur Genius Grant
más de un mes después del estreno de *Hamilton*
en Broadway. La beca se concede a los creadores
que han demostrado un gran talento, para que

puedan seguir persiguiendo sus sueños. En su entrevista de becario, Lin dijo: "Esta es una historia sobre Estados Unidos antes, contada por Estados Unidos ahora", refiriéndose a la diversidad del elenco y al uso del hiphop para presentar la historia revolucionaria de Estados Unidos.`

Michelle Obama estuvo entre los primeros fans de la obra y la vio tanto en Broadway como fuera de él. Años después de la visita de Lin a la Casa Blanca, la primera dama se convirtió en una

de las mayores promotoras del espectáculo. El 14 de marzo de 2016, ella y el presidente Obama mostraron su apoyo una vez más al recibir a Lin con su elenco en un evento titulado #Bam4Ham, que significa "Obama para *Hamilton*".

En el evento #Bam4Ham, los Obama les pidieron al elenco de *Hamilton* que interpretaran canciones de la obra, incluyendo "Alexander Hamilton", canción que Lin había estrenado siete

años atrás; "My Shot"; "The Schuyler Sisters", y
"One Last Time". Bam4Ham también incluyó un
evento en el que los estudiantes pudieron hacerles
preguntas a Lin y al resto del elenco.

El 12 de junio de 2016, los Obama presentaron
Hamilton en la septuagésima entrega anual de los
premios Tony, celebrada en el Beacon Theatre
de Nueva York. Allí, la primera dama se refirió
al espectáculo como "un musical sobre el milagro

que es Estados Unidos". La lectura de Lin en la playa se había transformado de una sola canción a una nominación a mejor musical con un récord de dieciséis nominaciones, la mayor cantidad de cualquier espectáculo en la historia de los Tony. Lin fue nominado a mejor actor en un musical, mejor banda sonora original y mejor guion de un musical. Al final de la noche, *Hamilton* ganaría once Tonys, incluyendo mejor banda sonora y mejor guion para Lin y el mayor premio de todos, mejor musical. Poco menos de un mes después de los premios Tony, Lin renunció a su papel protagónico como Alexander Hamilton.

Si bien *Hamilton* volvió a conectar a Lin con los Obama, también él utilizó su influencia para expresar sus preocupaciones sobre Puerto Rico en 2016. La isla había luchado con sus finanzas durante años, y en ese momento el gobierno local quería declararse en bancarrota. Cuando una persona, lugar o empresa se declara en bancarrota, significa que admite que no puede pagar sus deudas y está pidiendo ayuda. En el caso de Puerto Rico, la mayor parte de la deuda se debía a inversionistas de Estados Unidos que se aprovecharon de las malas decisiones financieras tomadas por el gobierno local.

En 2016, el gobierno de Estados Unidos trabajaba en una ley llamada Ley de Supervisión, Administración y Estabilidad Económica de Puerto Rico o PROMESA (por sus siglas en inglés). Esta ley otorgaba a una junta de representantes elegidos por el presidente de Estados Unidos poder sobre las finanzas de Puerto Rico. Lin mostró su apoyo a la propuesta en artículos que escribió para el *New York Times* y el primer periódico en español de Nueva York, *El Diario*. También se presentó en el programa *Last Week Tonight* de John Oliver, donde pidió a los representantes en el Congreso que mostraran su apoyo a Puerto Rico. Lin entendía que había problemas con la idea

de que los puertorriqueños no tuvieran control sobre la junta, pero sabía que era la única acción que el Congreso estaba dispuesto a tomar. A finales de junio, el Congreso aprobó PROMESA y el presidente Obama firmó la ley. Esta legislación estableció una junta de administración financiera para Puerto Rico.

En noviembre de 2016, *Moana* de Disney finalmente se estrenó en los cines. Antes de su estreno, la película obtuvo buenas críticas y se convirtió en el segundo fin de semana de estreno de Acción de Gracias más grande de la historia. Parte del éxito de *Moana*

se debió a su banda sonora, que le encantó a las familias de todo el mundo. Lin contribuyó con algunas canciones para la película, incluyendo la popular "You're Welcome", cantada por Dwayne Johnson como Maui, y la querida "How Far I'll Go", cantada por Auli'i Cravalho como Moana. La película mágica sobre una princesa polinesia y un semidiós fue un éxito, y fue elogiada tanto por la crítica como por el público.

CAPÍTULO 4
Más allá del escenario

En los Premios de la Academia de febrero de 2017, *Moana* fue nominada a mejor película animada, y Lin a mejor canción original por "How Far I'll Go". En la entrega de premios, Lin y la estrella de *Moana*, Auli'i Cravalho, ofrecieron una impresionante interpretación de "How Far

I'll Go", destacándose el texto escrito por Lin y la voz de Auli'i. Pero Lin no ganó el premio a la mejor canción original.

En comparación con el ritmo de principios de la década de 2010, 2017 fue un período lento para Lin. En la primera mitad del año filmó su papel de Jack en *Mary Poppins Returns* de Disney, protagonizada por Emily Blunt en el papel principal. Desafortunadamente, 2017 fue un año difícil para Puerto Rico, la isla de Lin.

Huracán María

El 20 de septiembre de 2017, el huracán María tocó tierra en Puerto Rico como una fuerte tormenta de categoría 4. La isla ya estaba sufriendo los efectos de un huracán anterior esa temporada, que había dejado a muchas personas sin agua ni electricidad. María empeoró estos problemas, arrancando árboles, dañando torres de telefonía celular y dejando a todo Puerto Rico sin electricidad.

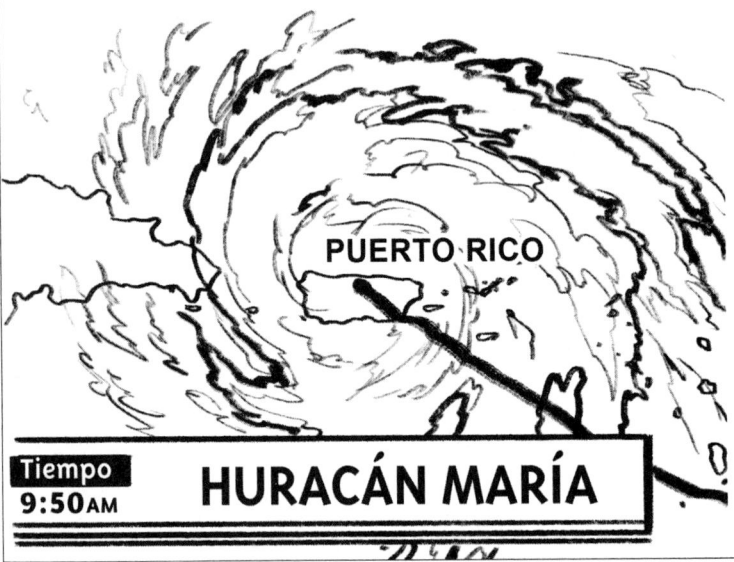

PUERTO RICO

Tiempo
9:50AM   HURACÁN MARÍA

Después del huracán María, Estados Unidos, y sobretodo la administración del presidente Trump, enfrentaron críticas por su manejo de la crisis. Después de la tormenta, fue difícil para los puertorriqueños encontrar y almacenar alimentos y agua potable. La Agencia Federal para el Manejo de Emergencias (FEMA, por sus siglas en inglés) perdió el control de millones de dólares en suministros para la isla.

A finales de 2017, el número de muertes seguía sin estar claro, ya que el gobierno solo contabilizó 64 muertes antes de que el total se actualizara a 2975 en agosto de 2018. Pero otras estimaciones sitúan el número real de víctimas en torno a las 4645. El huracán también causó unos 90 000 millones de dólares en daños y se considera la tormenta más mortífera en la historia de Puerto Rico.

Pocas semanas después del huracán María en Puerto Rico, Lin y su padre organizaron a un grupo de artistas puertorriqueños y otros artistas hispanos para crear la canción "Almost Like Praying". El dinero obtenido de la canción fue donado al fondo de la Hispanic Federation para ayudar a los afectados por el huracán. La canción

incluía a los artistas puertorriqueños Marc Anthony, Rita Moreno, Gilberto Santa Rosa, Jennifer Lopez y Fat Joe, junto con otros cantantes latinos como Camila Cabello, Juan Luis Guerra y

Rubén Blades. En total, la Hispanic Federation recaudó 14 millones para los esfuerzos de socorro y recuperación de Puerto Rico a menos de un mes después del huracán.

Además de "Almost Like Praying", el 8 de noviembre de 2017, Lin y Jeffrey Seller anunciaron que llevarían una producción de *Hamilton* al Teatro UPR de la Universidad de Puerto Rico, en enero de 2019. Lin también dijo que volvería

a interpretar el papel de Alexander Hamilton para la temporada limitada del programa. Su objetivo al llevar a *Hamilton* a la isla era fomentar el turismo y recaudar dinero para los artistas locales. Mientras Puerto Rico luchaba por su recuperación, Lin ayudaba de la mejor manera que sabía, actuando.

A finales de 2017, Lin y Vanessa Nadal anunciaron que esperaban otro hijo. El 2 de febrero de 2018 nació Francisco Miranda, su segundo hijo. Lin celebró el nacimiento de Francisco con un tuit como el que había compartido por el nacimiento de

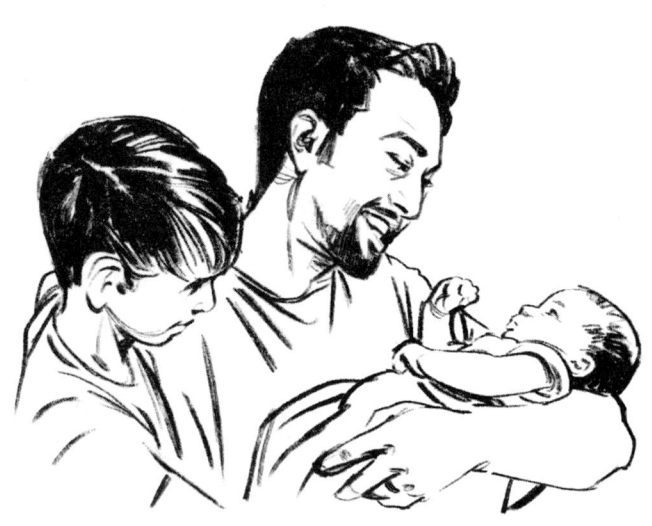

Sebastian, que terminó con la palabra "Intermedio", indicando "breve descanso". ¡Pero no parecía haber descanso a la vista para Lin!

Durante los preparativos para *Hamilton* en Puerto Rico, el 22 de julio de 2018, los Miranda, el elenco de *Hamilton* y la Fundación Flamboyán, una organización sin fines de lucro con sede en Puerto Rico y Washington D. C. crearon el Fondo Flamboyán para las Artes. El objetivo del fondo

era apoyar las organizaciones artísticas en Puerto Rico mientras la isla se recuperaba. La Fundación Flamboyán anunció que donaría todas las ganancias de la temporada de *Hamilton* en Puerto Rico al fondo. Y para que el espectáculo pudiera ser visto por un público más amplio, se venderían 9600 entradas por diez dólares cada una bajo otro sistema de lotería. El padre de Lin, Luis, trabajó con el elenco de *Hamilton* para que el evento fuera un éxito. Luis se había graduado de la Universidad de Puerto Rico, por lo que Lin también esperaba honrar a su padre al llevar el espectáculo a la isla.

En las semanas previas al debut de *Hamilton* en Puerto Rico, profesores de la Universidad de Puerto Rico, sede del espectáculo, dijeron que irían a la huelga durante el mismo. Ellos protestaban por los recortes presupuestarios que se habían hecho a la universidad. Después de hablar con el elenco de *Hamilton*, los huelguistas acordaron no ir a la huelga durante la temporada de *Hamilton*. Pero, para entonces, la producción se había trasladado al Teatro Luis A. Ferré del Centro de Bellas Artes.

La posibilidad de una huelga no fue la

única controversia que ocasionó *Hamilton* a Puerto Rico. Algunos estudiantes señalaron que *Hamilton* ofrecía pocas oportunidades de trabajo a los ciudadanos de la isla. Otros sintieron que aunque el Fondo Flamboyán para las Artes aportó dinero a las artes en Puerto Rico, no abordó los esfuerzos de reconstrucción más grandes, y quizás más graves, tras el huracán.

También hubo puertorriqueños que se sintieron dolidos por el apoyo de Lin a PROMESA. Para entonces, la junta que entró como parte de la ley hizo recortes presupuestarios que redujeron los fondos para las escuelas y la atención médica, al

tiempo que atrajeron a más inversores adinerados. Estos compraban propiedades en la isla y las transformaban sin ninguna consideración por los residentes de toda la vida de Puerto Rico. Los estudiantes mostraron sus disgustos con Lin mediante protestas y en las redes sociales.

Al final, *Hamilton* se representó ante miles de personas en Puerto Rico, y muchos residentes de la isla recibieron los boletos de diez dólares. Al

terminar la primera actuación, Lin, vestido como
Hamilton, compartió: "Mucha gente movió
montañas para que estuviéramos aquí en Puerto
Rico esta noche y para recaudar todo el dinero
posible para la Isla mientras estemos aquí". Luego,
sacó una bandera puertorriqueña de su disfraz de
Hamilton y la ondeó para la multitud.

Después de que *Hamilton* completó su

temporada en Puerto Rico, Lin y los miembros de su grupo Freestyle Love Supreme llevaron su espectáculo a Broadway por primera vez. Cada noche, el elenco escuchaba las sugerencias del público y las usaba en nuevos raps de estilo libre, mostrando su rapidez de pensamiento.

Esta versión del espectáculo se representó desde octubre de 2019 hasta enero de 2020. Pero, en marzo de 2020, gran parte de nuestro mundo se puso patas arriba.

CAPÍTULO 5
El próximo acto

Cuando comenzó el confinamiento de 2020 debido al COVID-19, las actuaciones de teatro y los sets de películas se detuvieron. En su lugar,

surgieron más servicios de *streaming*. Uno de los proyectos de Lin que hizo su debut en *streaming* en junio fue *We Are Freestyle Love Supreme*, un documental que explora el comienzo del grupo con videos de sus actuaciones. En el documental hay un grupo de amigos a los que les encanta actuar juntos al igual que en el propio grupo. Thomas Kail, colaborador de Lin, expresó: "Es

probablemente la expresión de alegría más pura que cualquiera de nosotros haya sentido jamás al hacer un espectáculo".

Por supuesto, Lin no es solo escritor, intérprete y músico. ¡También es papá! Durante la pandemia de COVID-19, la mayoría de las escuelas no pudieron abrir las aulas para los estudiantes. Como Lin y Vanessa estaban en casa en Inwood, Nueva York, durante gran parte del tiempo con sus hijos, Sebastian y Francisco, hicieron todo lo posible para enseñar a sus hijos. Francisco tenía solo dos años en 2020, por lo que aún no estaba en la escuela, pero Sebastian ya estaba en primer grado. Cuando Francisco vio a su hermano mayor trabajando tanto en casa, decidió ponerse a trabajar también. Mientras Sebastian hacía su tarea, Francisco comenzó a escribir letras y números ¡incluso a una edad tan temprana! Debido al tiempo extra que pasaban juntos, los dos hermanos se volvieron muy cercanos.

Sebastian y Francisco también mostraron un lado creativo durante la pandemia. Según Lin, los chicos comenzaron a inventar canciones,

especialmente sobre el desayuno. Sebastian también comenzó a hacer cortometrajes divertidos, protagonizándolos con Francisco mientras Lin grababa. A pesar de que Lin había trabajado en algunas películas, Sebastian no estaba deslumbrado por el éxito de su padre. Para el mundo, Lin puede haber sido un genio, un dramaturgo y un importante animador, pero para Sebastian, seguía siendo solo su padre. La pandemia de COVID-19 causó muchos desafíos, pero la familia Miranda encontró formas de reunirse y divertirse.

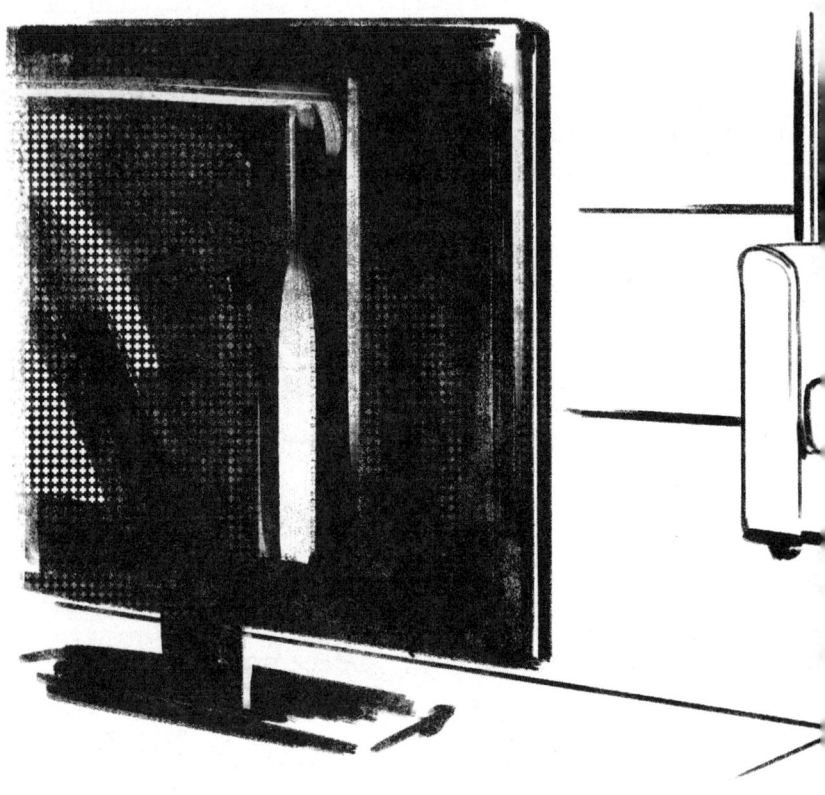

Una adaptación al cine de *In the Heights* estaba originalmente programada para estrenarse en junio, pero, debido a la pandemia, se retrasó hasta 2021. En su lugar, el siguiente proyecto de Lin fue el lanzamiento del programa grabado de *Hamilton* el fin de semana del 4 de Julio. Contaba

con todos los miembros del elenco de Broadway. Al permitir que la gente pudiera ver la producción teatral de *Hamilton* en casa, Lin y su equipo estaban llevando el espectáculo a millones de personas en todo el mundo a un precio asequible.

In the Heights fue una de las primeras películas

que se estrenó en los cines cuando la pandemia de COVID-19 disminuyó en junio de 2021. Mientras escribía el guion de la película, Lin se reunió con Quiara Alegría-Hudes, su coescritora en la obra original. Jon M. Chu, conocido por

su adaptación de 2018 de la novela *Crazy Rich Asians*, dirigió la película. Aunque Chu no era latino ni de Nueva York, vio un poco de la historia de su familia en el enfoque de *In the Heights* sobre los migrantes y sobre cómo encontrar un nuevo hogar. En la película, Lin se puso una barba postiza y representó al piragüero detrás del carrito de piraguas. La película también fue protagonizada por Anthony Ramos como Usnavi, Melissa Barrera como Vanessa, Leslie Grace como Nina y Corey Hawkins como Benny.

La versión cinematográfica de *In the Heights* recibió algunas críticas. Washington Heights, conocido en Nueva York como *Little Dominican Republic*, es un vecindario afrodominicano, y el elenco principal de la película no reflejaba la verdadera población del vecindario. En lugar

de celebrar una visión amplia de la latinidad, los críticos sintieron que la película borraba las luchas que enfrentaron los latinos de piel oscura y continuaba el patrón de discriminación que existe en América Latina. El colorismo es un prejuicio

que discrimina a las personas de piel más oscura de aquellas con piel más clara; lo padecen muchos grupos étnicos, incluidas las comunidas negras y asiáticas.

En las comunidades latinas, la discriminación por el color a menudo significa que son ignoradas en medios como la televisión, el cine y la música. Cuatro días después del estreno de la película *In the Heights*, Lin compartió en las redes sociales que se dedicaba a aprender y crecer mientras intentaba honrar a su diversa comunidad.

Luego, Lin hizo la película animada *Vivo* sobre un kinkajú cubano, un mamífero de la selva tropical. Él interpretó la voz de Vivo y escribió canciones para la película. La película narra que

Andrés, el amigo de Vivo, muere antes de poder dedicarle una canción a Marta, su amor. Después del funeral, Vivo le dedica la canción a Marta con la ayuda de Gabi, la pariente de Andrés.

Gabi es una forastera en su pueblo porque prefiere su independencia a adaptarse a las expectativas de los demás.

Lin terminó 2021 con una doble función. En noviembre fue lanzada la adaptación cinematográfica de la novela de Jonathan Larson, *tick, tick . . . Boom!* A los cuarenta y un años, por primera  vez, Lin era director de cine. Dos semanas después, se estrenó la película animada *Encanto*. Está ambientada en Colombia, y cuenta la historia de la familia Madrigal y la magia que utiliza para ayudar a su pequeño pueblo. El personaje principal de la película, Mirabel Madrigal, no tiene poderes, pero el resto de su familia sí. Mirabel lucha con la sensación de que su familia es mejor que ella por sus habilidades. En definitiva, Mirabel ayuda a su familia a ver que el verdadero milagro es su amor. Lin había escrito toda la música de la película. La banda sonora de *Encanto* fue tan popular que las ocho canciones que Lin escribió llegaron a la lista *Billboard* Hot 100 al mismo tiempo. (El Hot

100 cuenta las cien canciones más populares en Estados Unidos). La banda sonora de la película también pasó nueve semanas en la cima de la lista de los 200 mejores álbumes de *Billboard*, lo que significa que fue el álbum más popular en Estados Unidos durante ese período.

La canción más popular de *Encanto* se centró en el misterioso tío de Mirabel, tío Bruno, quien podía ver el futuro pero desapareció después de ser culpado por los incidentes que predijo.

Durante más de un mes, "We Don't Talk About Bruno" fue la canción más popular en Estados Unidos. Fue la segunda canción de una película de Disney en encabezar el *Billboard* Hot 100 y duró más que cualquier canción de una película de Disney. Se convirtió en la primera canción de Lin en encabezar el *Bilboard* Hot 100. En ese tiempo,

¡todos hablaban de Bruno! Ya cuando se estrenó *Encanto*, muchas escuelas habían comenzado a reabrir después de la pandemia de COVID-19, ¡y los compañeros de clase de Sebastian Miranda también cantaban sobre Bruno!

El elenco de *Encanto* era de origen colombiano en su mayoría. A la cabeza estaba Stephanie Beatriz como Mirabel Madrigal. Ya había trabajado con Lin en la versión del 2021 de *In the Heights*. Beatriz estuvo

Stephanie Beatriz

acompañada por Jessica Darrow como Luisa, Diane Guerrero como Isabela, María Cecilia Botero como la Abuela Alma y John Leguizamo

John Leguizamo

como tío Bruno. La popularidad de la banda sonora de *Encanto* y la representación de la familia colombiana Madrigal la convirtieron en un gran éxito.

Tick, tick... Boom! y *Encanto* fueron nominadas a los Premios de la Academia de marzo de 2022.

Tick, tick . . . Boom! recibió nominaciones a mejor actor protagónico y mejor montaje cinematográfico. Por su parte, *Encanto* fue nominada a mejor largometraje animado, mejor banda sonora original y mejor canción original por "Dos oruguitas". Finalmente, *Encanto* ganó

Elenco de *tick, tick . . . Boom!* en el estreno de la película, 2021

el premio a la mejor película animada de 2022.

Además en 2022, Lin lanzó un cancionero (un libro de letras y música) que recopilaba canciones de *In the Heights, Bring It On, 21 Chump Street, Hamilton, Moana, Vivo* y *Encanto.* También contribuyó con la música de la obra de Broadway *New York, New York* y la nueva versión en vivo de *The Little Mermaid.* Y en 2023, apareció como Hermes en la adaptación televisiva de *Percy Jackson and the Olympians.*

En las últimas décadas, pocas personas han tenido un impacto tan grande en la industria del entretenimiento y la cultura pop en general como Lin-Manuel Miranda. Pasó de ser un niño lleno de energía en Inwood a una estrella en ascenso que escribió una obra de teatro galardonada sobre su comunidad. Ha estado en la Casa Blanca (dos veces), llegó a la cima de las listas de *Billboard*, protagonizó obras de Broadway y creó éxitos en la pantalla grande y pequeña en todo el mundo. Se ha mantenido fiel a sus raíces al vivir a solo una milla de distancia de la casa de su infancia en Inwood con su esposa, Vanessa, y sus dos hijos, Sebastian y Francisco. Hoy en día, Lin sigue siendo una de las figuras más populares del mundo

del entretenimiento como valioso compositor, cantante, actor y creador.

Lin inspiró a una generación de aficionados al teatro musical, tanto dentro como fuera del escenario. Su legado de canciones pegajosas, grandes películas y estrellato en el teatro musical va más allá de lo que podría haber imaginado en su primer recital de piano. Aun así, tal como en aquel entonces, estamos seguros de que Lin volverá a brillar en el escenario y nos recordará a todos que "¡él se sabe otra!".

Cronología de la vida de Lin-Manuel Miranda

1980	Lin-Manuel Miranda nace en Nueva York el 16 de enero
1998	Asiste a la Universidad Wesleyan, donde comienza a escribir *In the Heights*
2003	Funda el grupo de rap Freestyle Love Supreme
2007	*In the Heights* se estrena off-Broadway el 8 de febrero
2008	*In the Heights* comienza su carrera en Broadway
2009	Anuncia en la Casa Blanca que trabaja en un proyecto llamado *The Hamilton Mixtape*
2010	Se casa con Vanessa Nadal el 5 de septiembre
2014	Cambia el nombre de *The Hamilton Mixtape* a *Hamilton*
	Nace el primer hijo, Sebastian
2015	*Hamilton* se estrena en Broadway el 17 de febrero
2016	Regresa a la Casa Blanca con el elenco de *Hamilton*
	Se estrena en cines la película de Disney *Moana*
2017	Interpreta a Jack en *Mary Poppins Returns*
2018	Nace su segundo hijo, Francisco
2021	La película *In the Heights* se estrena el 10 de junio
	Debuta como director con la película *tick, tick . . . Boom!*
	Se estrena la película de Disney *Encanto*
2022	Se publica el cancionero *The Lin-Manuel Miranda Collection*

Cronología del mundo

1980 — Ronald Reagan es elegido cuadragésimo presidente de Estados Unidos

1981 — El príncipe Carlos y Lady Diana Spencer se casan en Gran Bretaña el 29 de julio

1983 — Microsoft lanza el programa informático Microsoft Word

1989 — Se derriba el Muro de Berlín en Alemania, lo que lleva al fin de la Guerra Fría

1990 — Nelson Mandela es liberado de prisión en Sudáfrica

2005 — El huracán Katrina azota Estados Unidos en agosto, dañando gravemente a Alabama, Luisiana y Misisipi

2009 — Muere Michael Jackson en Los Ángeles, el 25 de junio

2014 — Malala Yousafzai gana el Premio Nobel de la Paz el 10 de octubre por su activismo, para que todos los niños tengan derecho a la educación

2015 — El matrimonio entre personas del mismo sexo es reconocido por la Corte Suprema de Estados Unidos

2016 — *Pokémon GO* bate récords de descargas en una semana en la tienda de aplicaciones de Apple

2020 — La Organización Mundial de la Salud declara el COVID-19 pandemia mundial

2022 — La población mundial supera los 8000 millones de personas

Bibliografía

*Libros para jóvenes lectores

*Berrios, Frank. *The Story of Lin-Manuel Miranda: A Biography Book for New Readers*. Oakland, California: Rockridge Press, 2022.

*Calkhoven, Laurie. *You Should Meet: Lin-Manuel Miranda*. New York: Simon Spotlight, 2018.

Davis, Clayton. "Lin-Manuel Miranda Talks Jonathan Larson's Story in 'Tick, Tick . . . Boom!': 'It's about Failure.'" Variety Media LLC., *Variety*, Dec. 2, 2021, https://variety.com/2021/film/directors/Lin-miranda-songwriting-tick-tick-boom-encanto-in-the-heights-1235124156/.

The Obama White House. "Lin-Manuel Miranda Performs at the White House Poetry Jam: (8 of 8)." Nov. 2, 2009, YouTube video, https://youtu.be/WNFf7nMIGnE.

Ordoña, Michael. "Lin-Manuel Miranda Breaks Down the Success of 'We Don't Talk About Bruno' (No, No, No)." *Los Angeles Times*, March 8, 2022, https://www.latimes.com/entertainment-arts/awards/story/2022-03-08/lin-manuel-miranda-on-the-success-of-encanto-and-that-bruno-song.

Paulson, Michael. "Lin-Manuel Miranda, Creator and Star of 'Hamilton,' Grew up on Hip-Hop and Show Tunes." *New York Times*, Aug. 12, 2015, https://www.nytimes.com/2015/08/16/theater/lin-manuel-miranda-creator-and-star-of-hamilton-grew-up-on-hip-hop-and-show-tunes.html.

Pucl, Carlito. " 'In the Heights'—2008 Tony Awards—Best Original Score." June 16, 2008, YouTube video, 3:10, https://www.youtube.com/watch?v=ozuEXtuM1RM.

2 04